EMG3-0187
合唱楽譜<スタンダード>
STANDARD
CHORUS PIECE

合唱で歌いたい！ スタンダードコーラスピース

混声3部合唱

明日へ

作詞・作曲：富岡博志

JN149844

●●● 曲目解説 ●●●

躍動感溢れるこの楽曲は、とても聴き映えのする合唱曲で、校内合唱コンクールにおいても人気の高い一曲です。音域も高くなく、各パートとも覚えやすい旋律になっているため気持ちが乗せやすく、より表情豊かな音楽をつくることができます。強弱や言葉のアクセントなどを意識し、完成度の高い演奏に仕上げてください。

【この楽譜は、旧商品『明日へ〔混声3部合唱〕』（品番：EME-C3073）と内容に変更はありません。】

ELEVATO
MUSIC ENTERTAINMENT

明日へ

作詞・作曲:富岡博志

16
なかーぜをうーけてー
どんーなときーでもー
なかーぜをうーけてー
どんーなときーでもー
ここーろふるーえ
もえーるおもーい
21
cresc.
B
f
あつーくもえーるどこーまでいけるーかわからないけど
わすーれないーよこどーくやーふあーんをーのりこえて
cresc.
f
あつーくもえーるどこーまでいけるーかわからないけど
わすーれないーよこどーくやーふあーんをーのりこえて
cresc.
f
あつーくもえーるどこーまでいけるーかわからないけど
わすーれないーよこどーくやーふあーんをーのりこえて
cresc.
f
26
mp
cresc.
ーぼくらはーはしりーだすあしーたへそうさ
ーぼくらはーおーとーなになってーゆくはるか
mp
cresc.
ーぼくらはーはしりーだすあしーたへそうさ
ーぼくらはーおーとーなになってーゆくはるか
mp
cresc.
ーぼくらはーはしりーだすあしーたへそうさ
ーぼくらはーおーとーなになってーゆくはるか
mp
cresc.

31
C
f
はてなくつづくみちをいくぼくらむかいかぜの
はときのながれをこえていくぼくらくるしいこと
f
はてなくつづくみちをいくぼくらむかいかぜの
はときのながれをこえていくぼくらくるしいこと
f
はてなくつづくみちをいくぼくらむかいかぜの
はときのながれをこえていくぼくらくるしいこと
f
36
ときもあらしのよるもぼくらのこと
もあるきずつくこともとおくたかく
ときもあらしのよるもよるもぼくらのこと
もあるきずつくこともだけどとおくたかく
ときもあらしのよるもぼくらのこと
もあるきずつくこともとおくたかく
41
をなにかがよぶからまだみぬあしたへとはし一っ
こころがさけぶからまゆくてをおそれずにはし一っ
をなにかがよぶからまだみぬあしたへとはし一っ
こころがさけぶからまゆくてをおそれずにはし一っ
をなにかがよぶからまだみぬあしたへとはし一っ
こころがさけぶからまゆくてをおをれずにはし一っ

46
1.
て いく よ ー
て いく
て いく よ ー
て いく
て いく よ ー
て いく
mf
51
2.
dim.
cresc.
D
f
よ ー ぼくら どこま
3
56
でいけば たどりつけるだろう なにがまつの

60
か さえ わ からないけ ど きっ と い く よ た
か さえ わ からないけ ど き ーっ と きっ と い く よ た
か さえ わ からないけ ど きっ と い く よ た
65
ど りついてみ せ るよ か がやくあし た へと は し ーっ
ど りついてみ せ るよ か がやくあし た へと は し ーっ
ど りついてみ せ るよ か がやくあし た へと は し ーっ
70
rit.
て い く よ ー
て い く よ ー
て い く よ ー
rit.

明日へ

作詞:富岡博志

青い風に　吹かれて
明日《あした》[を]思う　ぼくらがいる
遥《はる》かな風を　受けて
心ふるえ　熱く燃える

どこまで行けるか　わからないけど
ぼくらは走り出す　明日《あした》へ

そうさ
果てなく続く道を行く　ぼくら
向かい風の時も　嵐《あらし》の夜も
ぼくらのことを　何かが呼ぶから
まだ見ぬ明日《あした》へと　走って行くよ

昇る朝陽《あさひ》　見つめて
今を走る　ぼくらがいる
たとえ　どんな時でも
燃える想《おも》い　忘れないよ

孤独や不安を　乗り越えて
ぼくらは大人《おとな》に　なってゆく

遥《はる》か時の流れを越えて行く　ぼくら
苦しいこともある　傷つくことも
だけど「遠く！高く！」心が叫ぶから
行く手を恐れずに　走って行くよ

ぼくら
どこまで行けば　辿《たど》り着けるだろう
何が待つのかさえ　わからないけど
きっと行くよ　辿《たど》り着いてみせるよ
輝く明日《あした》へと　走って行くよ

※[]の部分は作曲に際し省略されています。

ELEVATO
MUSIC ENTERTAINMENT

エレヴァートミュージックエンターテイメントはウィンズスコアが
展開する「合唱楽譜・器楽系楽譜」を中心とした専門レーベルです。

ご注文について

エレヴァートミュージックエンターテイメントの商品は全国の楽器店、ならびに書店にてお求めになれますが、店頭でのご購入が困難な場合、当社PC&モバイルサイト・電話からのご注文で、直接ご購入が可能です。

◎当社PCサイトでのご注文方法

http://elevato-music.com

上記のアドレスへアクセスし、WEBショップにてご注文ください。

◎お電話でのご注文方法

TEL.0120-713-771

営業時間内に電話いただければ、電話にてご注文を承ります。

◎モバイルサイトでのご注文方法

右のQRコードを読み取ってアクセスいただくか、
URLを直接ご入力ください。